Gehalten
in zerbrechlichen
Momenten

_____

_____

_____

_____

Pierre Stutz

Gehalten in zerbrechlichen Momenten

camino.

In den zerbrechlichen Momenten deines Lebens, in denen unerwartet Verunsicherungen aufbrechen, wünsche ich dir, dass du auch mitfühlend mit dir selbst bist. In Situationen, in denen deine Partnerschaft auseinander bricht oder du deine Arbeitsstelle verlierst oder der Zugang zu deiner Ursprungsfamilie schwer ist oder Altes nicht mehr trägt und Neues in weiter Ferne ist, da wünsche ich dir von Herzen, dass du nicht in der Opferrolle stecken bleibst, sondern deiner Verlorenheit auf den Grund gehst.

In der Achterbahn der Gefühle, die eine Umbruchsituation auslösen kann, wünsche ich dir, dass du ganz leise deine Wachstumschance entdeckst, die sich dir in deiner Krise zeigen kann.

Lass Dich
nicht im Stich

Der Härte des Lebens ausgeliefert
Achterbahn der Gefühle
wie abgeschnitten vom Lebensfluss
zurückgeworfen auf sich selbst

Der Zerbrechlichkeit des Lebens ausgesetzt
zermürbende Schlaflosigkeit
gefangen im Misstrauen
konfrontiert mit negativen inneren Stimmen

Verletzt
blockiert
verstummt
dünnhäutig

Lass dich nicht im Stich
mit deinen Tränen
mit deiner Sehnsucht
mit deiner Wut
mit deinen Zweifeln
mit deiner Hoffnung

Versöhnung
mit dem Leben

Versöhnung mit deinem Leben
wünsche ich dir:
Bleib nicht fixiert auf das
was noch nicht geheilt ist
sondern sehe dankbar
was alles schon gelungen ist

Zustimmung zu deinem Leben
wünsche ich dir:
Erkenne deine Einmaligkeit
entdecke deine Talente
die auch im Auf und Ab
deines Lebens sichtbar werden

Segen für dein Leben
wünsche ich dir:
Die heilsame Erinnerung
geliebt und angenommen
zu sein
so wie du jetzt bist

Steh auf und geh!

Wenn nichts mehr geht
in deinem Leben
dann geh!

Wenn du gelähmt bist
umzingelt von Ohnmacht
dann steh auf!

Im
Joggen
Schwimmen
Austauschen
Wandern
Biken
Tanzen
bricht deine Erstarrung auf
der heilend-göttliche Atem
bewegt auch dich
zum Vertrauen im Nichtwissen

Fühle mit Dir selbst

Verloren
eingehüllt in Tücher der Angst
die meinen Tränenfluss blockieren

Kraftlos
eingebunden in Kleider der Ohnmacht
die mein Vertrauen einengen

Dünnhäutig
umzingelt von Mauern des Misstrauens
die mir Begegnungen erschweren

Berührst DU mich
damit ich auch mitfühlend
mit mir selbst sein kann

Die Kraft
der Erinnerung

Erinnere dich
in dunklen Stunden
an geschenkte Momente
in denen dir ein Licht aufging

Erinnere dich
in schweren Zeiten
an dein Reifen und Wachsen
im Durchschreiten der Finsternis

Erinnere dich
wie Gottes zärtliche Zuwendung
immer schon die Gebeugten
aufgerichtet hat

Erinnere dich
auch in deiner Verunsicherung
ein Segen zu sein
mit deiner Verletzlichkeit
mit deiner Zuversicht

Du bist nicht allein

Wenn dir schwere Brocken zugemutet werden
auf deinem Lebensweg, dann sei erst recht
auch gut mit dir selbst:

- Wenn Gefühle wie Wut und Neid auftauchen,
  bekämpfe sie nicht, sonst werden sie noch stärker.
  Nur was sein darf, kann gestaltet und verwandelt
  werden.
- Unrecht bleibt Unrecht, nichts darf schöngeredet
  werden. Erinnere dich zugleich daran, immer mehr
  zu sein, als das, was dir im Moment widerfährt.
- Veränderung beginnt in dir selbst, im liebevollen
  Annehmen deiner verschiedenen Stimmungen.
  Du kannst durch eine Umbruchsituation in eine
  neue Lebensqualität hingeführt werden, wenn du
  Geduld mit dir selbst hast.

Möge dir die Einsicht geschenkt sein, nicht alles
alleine schaffen zu müssen. Mute dich andern zu,
hole dir Unterstützung, vielleicht auch professionel-
le Hilfe. So kannst du erahnen, trotz allem gehalten
zu sein vom Urgrund allen Lebens, der auch durch
Freundinnen und Freunde erfahrbar wird.

Lass Dich begleiten

Lass dich begleiten
schaffe dir einen Schutzraum
in dem alle Gefühle
wie Ärger und Panik
ausgedrückt werden dürfen

Suche dir Unterstützung
erlaube dir bitte
bedürftig zu sein
um nicht in der Opferrolle
stecken zu bleiben

Bleib nicht in der Sackgasse
gefangen in gewaltvollen Erinnerungen
verbinde dich mit andern
in einer Selbsthilfegruppe
damit du nicht isoliert bleibst

Lass dich nicht im Stich
mute dich andern zu
darin verwirklicht sich
ein zärtliches Entgegenkommen Gottes

Worte des Segens

Hoffnungsworte wünsche ich dir,
die dein Misstrauen aufbrechen:
Glaube trotz allem an das Gute im Menschen.
(Anne Frank)

Vertrauensworte wünsche ich dir,
die deine Ängste aufweichen:
Du hast mir Raum geschaffen, als mir angst war.
(Psalm 4)

Heilungsworte wünsche ich dir,
die deine Wunden genesen lassen:
Nur, der Arzt, der selber verwundet ist,
kann wirklich heilen.
(Griechische Weisheit)

Jetzt erst recht

Außer sich sein
vor Enttäuschung
Spielball der Gefühle sein
tief verletzt

JETZT erst recht
bei dir zu Hause sein
dich nicht im Aktivismus verlieren

JETZT erst recht
Abstand schaffen zum Schweren
leise-bestimmt vertrauen
von innen her gefestigt zu werden

JETZT erst recht
danken für das
was heute gut ist
was deine Hoffnung nährt

Du bist mehr als deine Traurigkeit

Erschreckend
wie schnell alte Lebensmuster
mich mit abwertenden Gefühlen
gefangen halten wollen

Erdrückend
wie schnell krankmachende Altlasten
der Angst die Regie überlassen
im schwindenden Selbstwertgefühl

Was immer du wahrnimmst
in deiner Zerbrechlichkeit
du bist mehr als all das
jeden Tag neu zu einem
befreiten Leben gerufen

Du bist ein Segen

Auch du bist ein Segen
in deiner Dünnhäutigkeit
in deinem leisen Vertrauen
in deiner Bedürftigkeit

Auch du bist ein Segen
im Spannungsfeld
von Auflehnung und Annahme
von Zweifeln und Hoffen

Kraftvoll-zärtlicher Segen
bewohnt auch dich
gerade in dunklen Stunden:
sei offen für dieses heilende
Geschenk deines Lebens

Schmerzvoll nach Sinn tasten

Bodenlosigkeit
heißt mein Grundgefühl
schmerzvolles Umherirren
im Dschungel der Angst

Sich selbst würdevoll begegnen
in seiner Dünnhäutigkeit
in seiner Verzweiflung
in seiner Verlorenheit

Schmerzvoll nach Sinn tasten
Dunkelheit aushalten
leise einem Hoffnungsfunken
zaghaft entgegengehen

Mit sich selbst leiden
eigene Not würdigen
eigenes Elend ausdrücken
als Quelle zum Mitgefühl

Vertrauen

Mitten im Schmerz
auch gut mit sich selber sein
trotzdem danken für das Leben

Mitten in der Verzweiflung
sich durch eine zärtliche Umarmung
vom Dunkel zum Licht begleiten

Mitten im Aufschrei
leise erahnen wie sich
eine Sinnspur zum Vertrauen zeigt

Pierre Stutz, geb. 1953, spiritueller Autor, Theologe, geistlicher Begleiter. Schreiben ist für den Schweizer Autor ein inneres Feuer: Seine Inspiration zieht er aus Begegnungen mit den Menschen, aus seinem ganz persönlichen Hoffen und Ringen, aus der christlichen Mystik und den Worten der Bibel. Pierre Stutz hat eine ausgedehnte Kurs- und Vortragstätigkeit in Deutschland, Österreich und der Schweiz und ist Autor zahlreicher Bücher zur beseelten Lebenspraxis. Die große Resonanz auf seine Veranstaltungen und Veröffentlichungen bestätigt ihn in der Überzeugung: Spiritualität ist eine kostbare Dimension des Lebens, die Kraft gibt und befreit und Trost schenkt, der nicht »vertröstet«.

Im Internet: www.pierrestutz.ch

Umschlagmotiv/Haupttitel: © LadyFoxIma/iStock.com
Bilder im Innenteil: 4/5 © Paladin12/shutterstock.com, 6/7 © styf22/iStock.com, 8/9 © Rina H./photocase.com, 10/11 © llaszlo/shutterstock.com, 12/13 © Laura Pashkevich/shutterstock.com, 14/15 © 75tiks/shutterstock.com, 16/17 © Serbogachuk/iStock.com, 18/19 © Serg64/shutterstock.com, 20/21 © Aleksandar Grozdanovski/shutterstock.com, 22/23 © Kadir Barcin/iStock.com, 24/25 © kiyanochka1/shutterstock.com, 26/27 © Africa Studio/shutterstock.com, 28/29 © jonson/shutterstock.com, 30/31 © Karina Baumgart/aboutpixel.com, 33 © encrier/iStock.com

3. Auflage 2019

Ein CAMINO-Buch aus der
© Verlag Katholisches Bibelwerk GmbH, Stuttgart 2017
Alle Rechte vorbehalten
Designschutz beantragt

Gesamtgestaltung: wunderlichundweigand
Umschlagmotiv: © LadyFoxIma/iStock.com
Hersteller gemäß ProdSG:
Druck und Bindung: Finidr s.r.o., Lípová 1965,
737 01 Český Těšín, Czech Republic
Verlag: Verlag Katholisches Bibelwerk GmbH,
Silberburgstraße 121, 70176 Stuttgart
ISBN 978-3-96157-001-0

In dieser Geschenkheftreihe sind von Pierre Stutz bereits erfolgreich erschienen:

Glücksmomente
ISBN 978-3-96157-032-4

Eine Kerze brennt für dich
ISBN 978-3-460-50018-1

Leise getragen in deiner Trauer
ISBN 978-3-460-50007-5